귀 짤린사내 말고

작화 문상우

보물지도

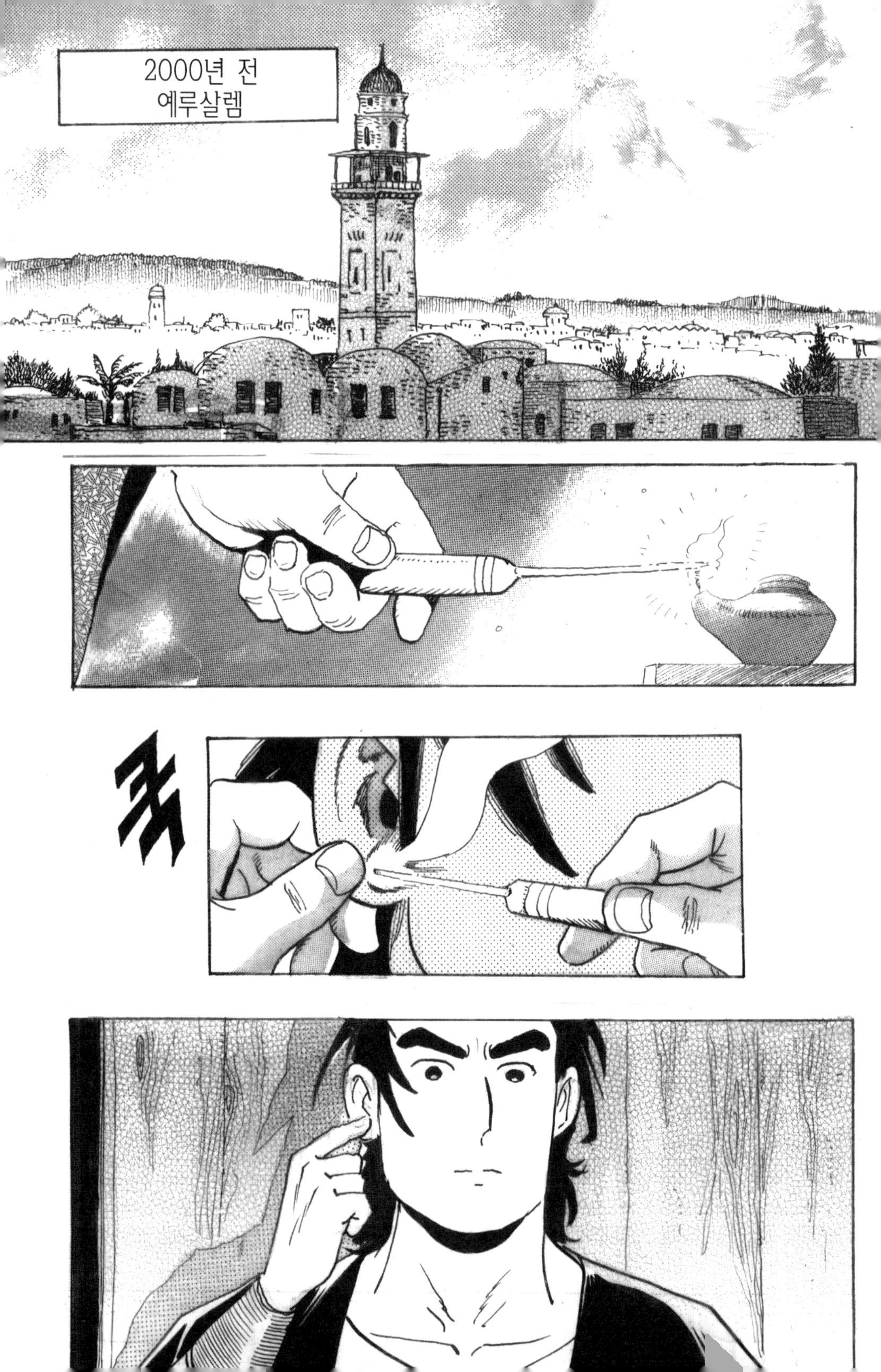
2000년 전
예루살렘
콕

이제 귀를 뚫었으니...
너는
나 대제사장 가야바의 종신의 종이 되었다.

너의 귀는 야훼의 말씀과 나의 말만 듣는 귀가 되어
충성을 다하라.
예.. 주인님
제가 스스로 원하여 주인님을 섬기고자 귀를 뚫었으니
주인님의 말씀을 야훼의 말씀으로 듣는 귀가 되겠습니다.

이제부터 너는 나의 신임하는 종이다.
대제사장 가야바
산헤드린 70인의회의
회의장

슥
이 검은 강도가 잡으면 흉기요.
주방장이 잡으면 식도요.
병사가 잡으면 무기다.
네가 이 검을 잡으면 무엇이냐?
척

호신의 검이며
충성의 검입니다.
다시 말하면..?
주인님을 경호하고
이스라엘을 지키기 위한 검입니다.
여호와의 불검은 에덴동산을 지키던 신성의 상징이었지
이제 이 검은 너의 불검이다.

예! 주인님!
신명을 다 바치겠습니다.
말고... 지금 이스라엘은 로마의 오랜 통치 아래 백성들은 신음하고 있고
오직 유일하신 야훼의 신앙마저 흔들리고 있다.
이를 틈타 살인 강도와 같은 흉악한 범죄가
자주 일어나 이중으로 백성들이 고통 당하고 있는 이때,
또 다른 거센 바람이 백성들을 혼란케 하고 있다.

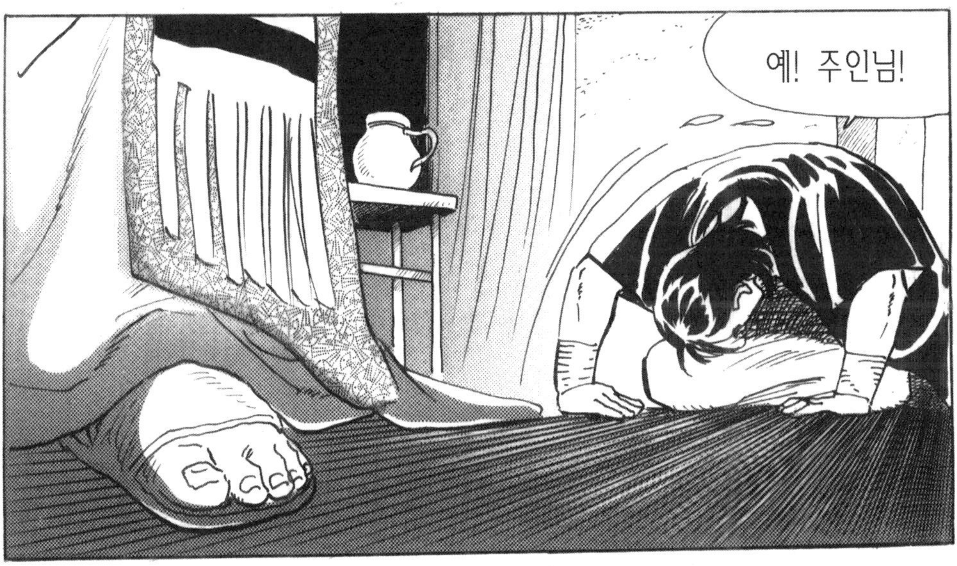

네 동족 히브리 남자나 히브리 여자가 네게 팔렸다 하자. 만일 육년을 너를 섬겼거든 칠년에 너는 그를 놓아 자유케 할 것이오.
종이 만일 너와 네 집을 사랑하므로 너와 동거 하기를 좋게 여겨 네게 향하여 내가 주인을 떠나지 아니 하겠노라. 하거든 송곳을 취하여 그의 귀를 문에 대고 뚫으라. 그리하면 그가 영영히 네 종이 되리라.

신명기 15장 12절 ~ 17절

짹
짹
짹
덜컹
익!
바르르
따끔!
유대인 놈들은 속을 알 수가 없다니까.
오늘 아침은 예루살렘 도시 전체가 뭔가에 들떠 있어.
녹크 좀 하면 손가락에 무좀 걸리나?
반란의 기미라도 있다는 거야
뭐야?
슥

바라바가 체포되었다고
열성당원 놈들이
설치는건
아니겠지?
와작
그까짓
강도 한 명
체포한게
뭐 대단하다고
화
그래도
유대인들은
그를 대단한
투사로 생각
하는 것 같
던데?
겁 없는
놈들!
감히
대로마에게
반기를 들어?
코끼리에게
생쥐가 덤비는
꼴이지...
또
인상!

저리 가.. 재수 없게...
멍!
유대놈들은 왜 유월절만 되면
예루살렘에 모여드는거야?
순례자들 까지
들끓으니..
이럴 땐 한 건해서 포상휴가로
로마에 있는 애인을 만나야 되는데..
니 애인 고무신 꺼꾸로 신겠다.
재수!
탁
탁
탁
뭐야?
탁 탁 탁

툭
어?
야! 거기서!
탁 탁 탁
홱!

욱
퍽
쿵
응앙
응앙
이 자식아!
내가 누군 줄 알아?
퍽
욱
퍽
퍽
응앙
응앙
감히
대로마
병사를
건드려?
죄송합니다.
아이가 갑자기
아파서
의원에게
바삐 가느라..

퍽!
너 열성당원 이지?
콕
아.. 아닙니다.
그럼 서라면 서야지
왜 도망 가는 거냐?
아이가.. 아파서..
이 자식이 그래도...
악! 여보!

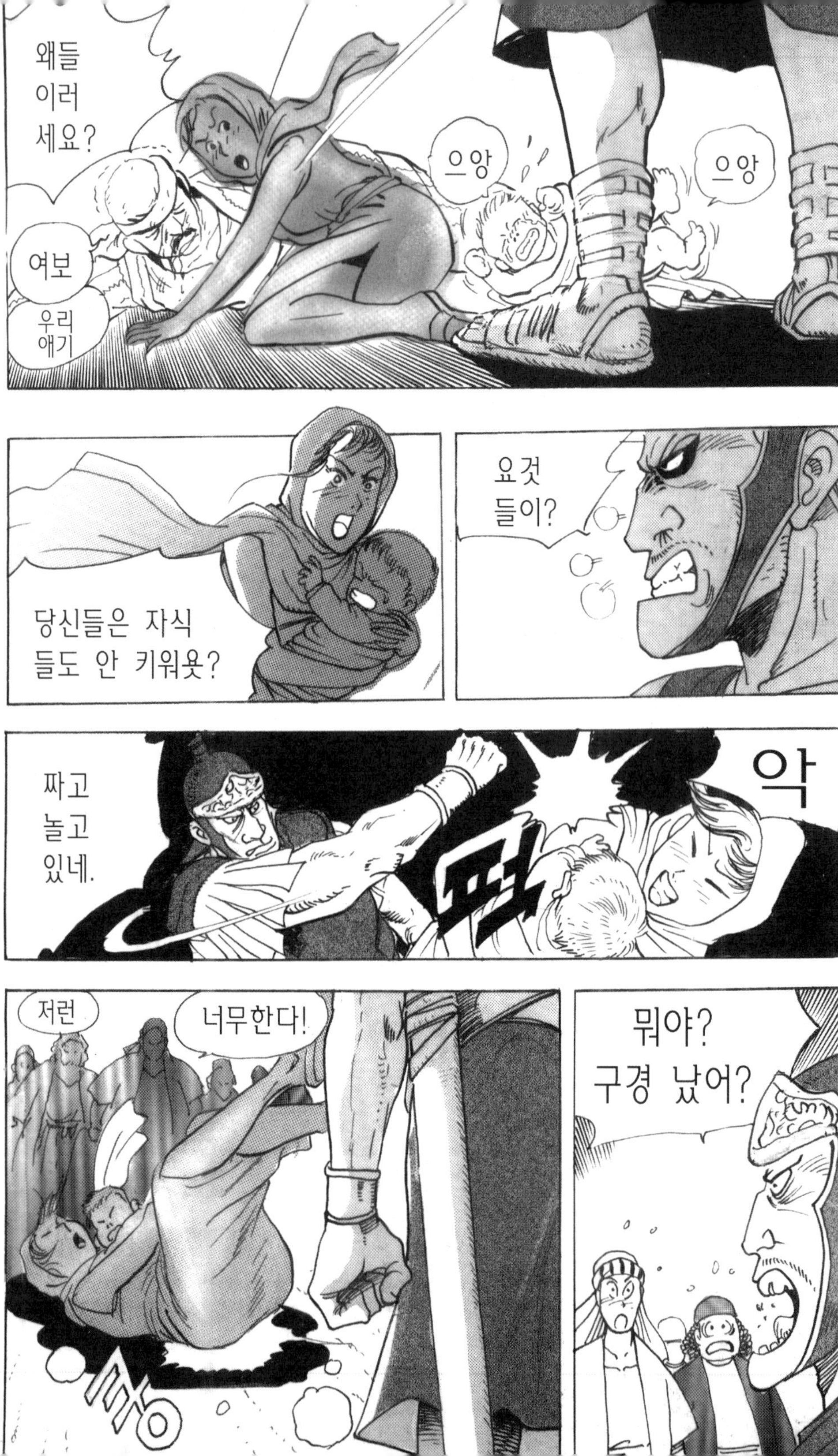
왜들 이러 세요?
여보
우리 애기
으앙
으앙
당신들은 자식 들도 안 키워욧?
요것 들이?
짜고 놀고 있네.
퍽
악
저런
너무한다!
쿵
뭐야? 구경 났어?

어디 남의
나라에 들어
와서 행패야?
부글
부글
뭘 봐?
으...
흑흑 정말 너무 해요.
아이가 아파서
그런 건데...
나으리 한번만
봐 주시면 안 되겠소?
빡
니가 뭔데
참견이야?
쌰!
꺼억

한심한 족속들아!
누구든 가이사의
명령을 거역하는
놈들은 로마의
법으로 다스릴
것이야!
으
지금 예루살렘에
뜨는 해는
가이사다!
야훼를
모욕하지 마시오
메시아가 우릴
구원해 줄꺼요.
뭐? 메시아?
척

자-
메시야를 불러 봐!
너를 구해 주나?
어··저나··
저··죽일놈들··
으··
불러 봐!
아
이
에잇
!
멈추
시오!

식민지 늙은이 목 하나 베는 것으로 대로마의 위상이 드러나진 않을 것이요.
삐질
넌 뭐야?
로마의 법엔 재판없이 무고한 식민지 백성을
처형 할 수 없다고 적힌 것으로 알고 있소
로마법?
그만...
검을 거두시오!
윽!
쿵
지금은 내가 로마의 법이다.
키득키득

으...
오늘은 이쯤에서 그만 두지
골치 아픈 족속들...
슥
선생님 괜찮습니까?
난 괜찮소
어서 아이를 의원에게...
고맙습니다.
빨리 가요.
도대체 메시야는 언제 오는 겁니까?

이 백성이 다 죽어야 오실 겁니까?
야훼께서 우리가 원수의 손에 멸망되는 모습을 보고 계시지는 않을꺼야.
로마놈들이 우릴 박해 한지 70년이나 되었는데...
오실 기미조차 보이지 않으니...
이제 우리의 힘으로 주권을 찾읍시다.
지금 로마는 세계의 최대 강국이요.
섣불리 나섰다가 귀중한 목숨만 잃을 걸세.

BC 63 년 부터 로마가 유대 지방을 점령한 후 유대인의 상황은 더욱더 절망적이 되었다.
그들을 박해하는 로마를 깨트릴 수 있는 것은 오직 하나님 밖에 없다고 믿고 있었고 따라서 하나님이 초자연적인 메시야를 보내어 이스라엘을 해방 시키고 계보를 다시 세워 주기를 간절히 기다려 왔다.

나사로야!
나오너라!
설마 죽은지 나흘이나 되는 썩은 송장이...
비틀
비틀
비틀
비틀
비틀
비틀
풀어 놓아 다니게 하라!
오...
아... 기적이다.

오..오빠
살아 났어요.
오빠!
마리아!
마르다!
헉!
썩은 송장이
살아 나다니...
나사로
오 주님
감사합니다.
대체
당신은
누구십니까?
나는 부활이요
생명이니 나를 믿는
자는 죽어도 살겠고
살아서 믿는 자는
영원히 죽지 아니
하리라.
오.. 놀랍다.
저 분은
하나님이 보낸
메시야가
아닐까?

뭐?
죽은 사람이 살아 났다고?
그래,
정말이야?
그래! 정말 이야!
A... 기절 했던 거겠지.
죽은지 사흘이나 된 송장이 어떻게 살아 나나?
나만 봤냐?

야! 시끄러워!
지난번엔 보리떡 5개와 생선 2마리로 오천명을 먹였다고 뻥치더니
이젠 송장이 살아 났다고?
누가 그랬 다는 거야?
나사렛 예수!
아! 그 예수?
병든 사람들을 고쳐 준다는?

맞어
소경이 눈을
뜨는 걸
나도
봤어.
그 뿐 아니야
바다 위도
걸었데...
메시야인데
왜 못해!
뻥치지
마라
너!
뭐?
메시야?

메시야를 간절히 기다리던 이스라엘 백성들에게
예수에 대한 소문은 순식간에 퍼져 나갔다.
예수는 사람으로선 상상할 수 없는 놀라운 기적을
나타냈으며 그의 말은 사람의 마음을 사로 잡는
능력을 보여 주었다.

메시야?
누가 그런 헛소문을?
예루살렘 안에 소문이 돌고 있습니다.
허어
백성을 선동하고 있군.
예수가 곧 예루살렘에 온답니다.
발등에 불이 떨어졌어.
너희들은
지금 당장 장로들을 모집해라.
예! 주인님!

예루살렘에 잠입해 있는 열성당원들도 들떠 있었다.
그들도 예수가 예루살렘으로 온다는 소문을 들었기 때문이다.

어쩌든 됐냐?
예수가 오늘 나귀새끼 타고 예루살렘으로
입성한다는 정보입니다.
그래?
그런데 왜? 나귀새끼랑가?
모르십니까? 메시아는 나귀 새끼를 타고 온다고 성경에 예언 됐잖습니까?
나도 알어! 한 번 해 본거여!
그랑게 예수가 메시아란 말이지?
진짜?
글쎄요
선지자라고도 하고요. 메시아라고도 하고요...

그만 하면 돼얏어.
메시야가 입성 한다고 예루살렘에 소문을 퍼트려!
탁
사람이 엄청 모이게 말여!
예수의 제자들이 알면 뭐라고 하지 않을 까요?
고것이 뭔 소리 여!
지네 선생이 행차 하는데 사람들이 많이 모이는게 뭐이 나빠?
예수는 우리네들과 생각이 다르다고 하던데요!
바라바도 예수를 직접 만나 보고 실망 했다는 거 아닙니까?
뭣 땀시?

카리스마가 달랐던 거죠.
나도 알아.
근데 어쩌금 댔냐?
아신데메요?
작것이...
시방 니가 나헌테 반항 하는 거여?
시방?
아..아뇨
그러니까 예수는 가난한 자의 친구이지
이스라엘 해방엔 관심이 없어 보였는네요.
이잉 맞어.
고것이 뭔 메시야여.
그러나 알 수 없잖아요.

호랑이는 걸을 때 병든 것 같이 보이 듯
매는 서 있으나 졸고 있는 것 같고
궁게...? 지금 예수가 매라는 거여?
호랑이라는 거여?
지금으로선 알 수 없다는 거죠.
야! 시방! 거사를 앞 두고 머리 복잡하게 할꺼여?
이번 기회에..
우린 말여 바라바가 체포 됐응게

옛!
폭동을 일으켜서 바라바를 구해 내는 거여!
알겠냐?
구호 준비!
자!
척
척
척
로마는 물러 가라!
물러 가라!

로마는 물러 가라!
물러 가라!
그것보다 예수 예수 우리의 왕이 어떨까요?
그려... 한 번 해 보드라고.
예수! 예수!
우리의 왕!
뭐야? 이거..
작것이... 쪼게 이상 허잖어...?
꼬르륵!

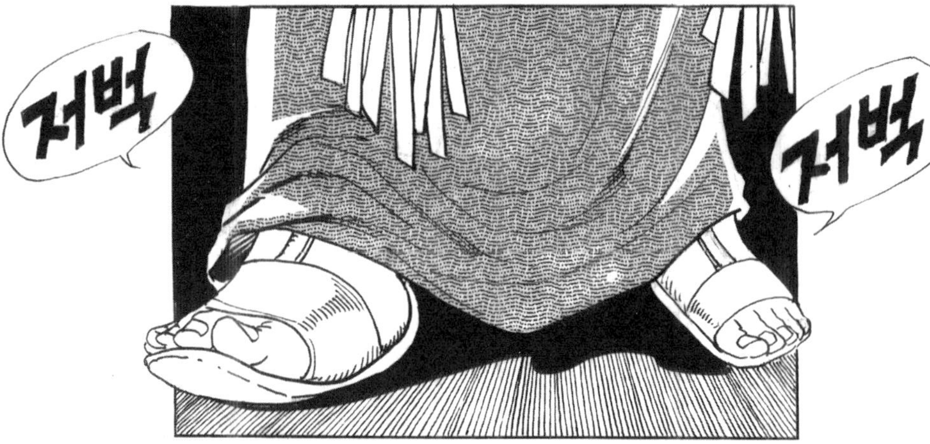

주인님은 예수를 매우 위험한 인물로 생각하고 있었다.
주인님 뿐 아니라 산헤드린 회원과 장로님들 대부분 주인님과
같은 생각이였다. 그것은 예수가 군중들을 선동하여 로마의 심기를

건드리고 유일하신 야훼에 대한 신앙심이 혼돈 될 것을 염려해서 였다.

군중들이 예수를 메시야라고 떠들고 있어요.
당장이라도 이스라엘이 독립될 것처럼 떠들고 다니니 로마군이 어떻게 받아 들이겠소이까?
이러다간 30년전 갈릴리 가마라에서 처럼 또 민란이 일어 날까 두렵군요.
말이라도 그런 끔찍한 소리 마시오.
민란이라니? 그 결과가 얼마나 혹독한 줄 아시고 하는 말씀이오?
알지요. 목이 12개라도 모자를 꺼요!

지난 민란 때 당한 고통을 생각하면
끔찍합니다.
그렇소!
그러니 더 이상 소란은 없어야지요.
AD 68년 로마에 반기를 들었던 유대인들은 잔혹한 보복을 당했는데 요세투스의 말에 의하면 유대인 300만명 중 100만명이 죽고 10만명은 노예로 팔려 갔고 예루살렘은 완전히 파괴 되어 요새가 평지가 되었고 돌 위에 돌 하나 놓여 있지 않았다.
바룩 선지자는 이때 "성소의 열쇠를 모두 가져다가 하늘을 향해 던져 버려라. 여호와로 하여금 자기 집을 지키게" 라고 절규 했다.
허나 예수에겐 군중을 매료 시키는 힘이 있어요.
군중은 바람에 흔들리는 갈대와 같소.
바람 부는대로 흔들리기 마련이죠.

산헤드린회-유대 사회를 이끄는 성전 제사장으로 이룬 사두개파와 율법 학자인 서기관 그리고 막강한 세력을 가진 바리새파로 구성된 사회 지도자들 중 70인의 모임으로 최고 권위를 지닌기관이다.

서 기 관 -율법학자로 유대교 회당의 교사가 되고 사법권을 행사하는 특별한 권한을 지닌 유대 최고 법원의 구성원

바리새파-유대 신정국가를 다스리는 종교적 정치적 당파로 예루살렘을 중심으로 도시 시민을 배경으로 지닌 세력들

사두개파-성전 제사장직을 대표하는 지파.

예수가 예루살렘으로 입성한다는 소문은 온 예루살렘으로 퍼져 나가
예수를 환호하기 위해 군중들은 양의 문으로 모여 들었다.
우르르
멍
멍
메시야가 오신 답니다.
우린 이제 로마의 손에서 해방된거요.
그럼요. 메시야가 오셨는데 그놈들을 그냥 놔 두겠어요?
물론이지요. 자! 빨리 가 봅시다.
우리의 왕을 환영 하러!

예수 환영 종려
가지가 천원!
종려 가지가
천원!
싸요..거저요
거저!
종려 가지가
천원!
엉! 저건 뭐야?
예수님 환영을
위해 쓰는거요.
준비 못하셨군요.
급히 오느라고..
종려 나무:
승리와
번영의 상징
그럼, 우리
하나씩 삽시다.
아저씨! 천원에
두 개 주면 안돼요?
두 개 주면 밑져요
한 개 천원이예요.

그까짓 종려가지 주변에 수두룩 한데…뭘.
다 꺽어 가서 이제 없어요 이것도 한 때 장산데…
천원이면 싼 겁니다.
두 개 주세요.
예
싱싱한 종려 가지가 천원!
천원!
T셔쓰가 3천원!
T셔쓰가 3 천원!
예수

예수님 화보 2 천원!
최신 화보집 2 천원!
예수
예수
예수
야! 예수님이다.
언제 저런걸 다 만들었을까?
빠르다.
그럼요. 저 사람들은 저걸로 먹고 사는데요.
500원!
500원!
야외용 방석 500원!
짝 짝 짝
도와줘요.
쿵쿵쿵
방석은 뭐야?
예수님을 따라 다니려면 방석이 꼭 필요 합니다.
그거 필요 하겠네!
하나 주세요.
수요가 있는 곳에 공급이 있다더니..

멍

여기서 뭘 하슈?
우리의 왕을 기다리고 있다오.
예수 화보가 2천원!
종려 가지가 천원!
이 곳으로 지나 갈 거래요.
엄마. 나, 오줌 마려.
이그 여기서 그러면 어떻하니?
밀지마!
누가 밀었다고 그래?
와글
와글

저기 봐 광장하군!
빨리 가 보자!
금방이라도 예수가 유대의 왕이 된 것 같은 분위기잖아?
햐!
봐! 저 많은 군중들을...
예수가 메시야라니까!
와글 와글
대체 무슨 이유로 예수가 메시야라는 거야?
성경의 예언대로 이루워지기 때문이잖아.

성경의 예언?
그렇다네.
예수는 선지자들이 예언한 대로 이루어졌기 때문이지
그의 행함은 모두 예언 대로라네.
병든 사람을 고쳐 주고
새끼나귀 타고 오는 것두요?
그렇다네. 아무 근거도 없이 예수를 메시야라고 하지 않네.

병을 고쳐 주는 것도
이사야 선지자가 예언하길 그 분은 몸소 우리의 연약함을 맡아 주시고
우리의 병을 짊어 지셨다는 예언을 이루기 위함이지.
메시야가 베들레헴에서 태어 날 것과 성령으로 잉태 되는 것 모두 예언 되었지
선지자: 해석자, 예고 하는 자의 뜻 미지와 보여주다와 말하다의 합성어.
그것이 모두 예수를 두고 한 예언이라고요?

메시야에에 관한 선지자의 예언과 성취된 일들

선지자의 예언	이루어진 일
* 동정녀가 잉태하여 아들을 낳으리니 그 이름을 임마누엘이라 하리라. 임마누엘: 하나님께서 우리와 함께 하다.	* 마리아가 처녀의 몸으로 성령으로 잉태하여 아들을 낳았다. * 그의 이름을 예수라고 하였다. 예수: 자기 백성을 죄에서 구원하다.
* 유다의 땅 베들레헴아 너는 결코 유다의 땅 중에서 가장 작은 고을이 아니니다. 내 백성 이스라엘의 목자가 될 영도자가 네게서 나리라.	* 호적하러 베들레헴에 갔다가 마굿간에서 예수가 태어나다.
* 라마에서 들려오는 소리, 울부짖고 애통하는 소리 자식 잃고 우는 라헬, 위로마저 마다하는 구나.	* 예수를 잡기 위해 헤롯이 베들레헴 부근의 모든 지경에 두 살 아래 사내 아이들을 죽이다.
* 광야에서 외치는 소리가 들린다 너희는 주의 길을 닦고 그의 길을 고르게 하여라.	* 선지자 요한이 광야에서 외치고 예수에게 세례를 주다.
* 옛적에는 스불론 땅과 납달리 땅으로 멸시를 당케 하셨더니 후에는 해변길과 요단 저편 이방의 갈릴리를 영화롭게 하셨느니라. * 죽음의 그늘진 땅에 사는 사람들에게 빛이 비치리니.	* 예수께서 요한의 잡힘을 듣고 나사렛을 떠나 스불론과 납달리 지경 해변에 있는 가버나움에서 살다. * 빛이 어두움에 비취되 어두움이 깨닫지 못하더라.
* 그 분은 몸소 우리의 허약함을 맡아 주시고 우리의 병고를 짊어 지셨도다.	* 모든 병자들을 고쳐 주다.
* 내가 비유로 말하겠고 천지 창조때부터 감추인 것을 드러 내리라.	* 예수가 비유로 말하고 가르치다.
* 네 왕이 네게 임하시나니 그는 공의로우시며 구원을 베푸시며 겸손하여서 나귀를 타시나니 나귀의 작은 것 곧 나귀 새끼니라	* 새끼 나귀를 타고 양의 문을 통해 예루살렘으로 입성하다.
* 그 날에 귀머거리가 책의 말을 들을 것이며 어둡고 캄캄한데서 소경의 눈이 볼 것이며,	* 소경이 보며 앉은뱅이가 걸으며 문둥이가 깨끗함을 받으며 귀머거리가 들으며..
* 내가 목자를 치리니 양떼가 흩어지리라.	* 제자들이 예수가 체포 되자 모두 흩어지다.
* 저희가 내 옷을 나누고 내 옷을 제비 뽑나이다.	* 예수의 홍포를 나눠 갖기 위해 제비 뽑기를 하다.
* 그들이 나를 헤아린바 그 준가를 토기장이에게 던지라 하시기로 내가 곧 은 삼십을 여호와의 전에 토기장이에게 던지었다.	* 유다가 예수를 팔아 받은 은 삼십으로 토기장이의 땅을 사다.

물론이지.
난 개인적으로 오늘이 특별한 날이거든.
?
우리 아버님 시므온께서 어느날..
성전에 갔다 오셔서
나에게 말씀 하시길..
애야 난 오늘 메시야를 보았단다.
요셉과 마리아가 할례를 받기 위해 성전에 데려온 아기 예수를 보는 순간
예?
그가 우리의 메시야인줄 알았지.

그가 성장하여 새끼 나귀를 타고 오시는 것을 보거든
그 분이 바로 예수님 일거다. 그는 메시야 거든.
아! 평소 아버님께서 죽기 전에
메시야를 볼 것이라고 하시더니..
할례: 생후 8일에 사내아이 에게 행하는 의식. 이는 이스라엘이 하나님과 언약을 맺은 선민임을 증명하기 위한 표시다. 오늘날 포경수술과 같다.
성령이 날 감동시켜 그 분을 알아 보게 됐지.
난 이제 그 분을 눈으로 뵈었으니 여한이 없다.
그 날을 꼭 기다려리.
예... 아버님!

그래서 난 33년을 기다려 왔는데.. 오늘 그 말씀이
이루어지는 날이니 어찌 감격스럽지 않겠나?
시온의 딸들아! 알리라. 네 임금이 네게 오신다. 그는 겸손하여 어린 나귀 새끼를 타고 오신다.
!
아... 아버님 말씀대로 오시네. 어서 가서 그 분을 뵈어야지...
할렐루야! 찬송하라!
와
와

턱
와아

메시야가 오셨다!
우리의 왕 만세
호산나!
와아
멍
멍

호산나! 호산나!
와아 와아
다윗의 왕이여!
다윗의 자손! 우리의 왕! 만세!
와아 와앙
유다.
굉장하지?
나도 놀랐어. 베드로!

우리의 왕 만세
아! 예언이 드디어 성취 되었구나.
예수님 만만세!
내가 곧 왕이 되나 보다
푸드득!
호산나!
와 와 와
예수님 만세!
쯧! 쯧!
병든시대의 군상들이여! 너 눈물 겹구나.
왕이란자가 겨우 나귀새끼 타고 등장하는 거냐?
현실이 얼마나 고달프면 노숙자 같은 예수를 보고 착각을 일으킬까?
와 와 와

샬롬 엘기말가
선생님!
슥
아뇨!
상황을
보러
왔어요.
크크크...
다윗의 자손이
예수 한 사람
뿐이던가?
늬들도
환영 나왔냐?

다윗왕의 아들 솔로몬왕은 천 명의 아내를 두지 않았나?
평화 정책을 위해 상대국의 딸들을 데려 왔지.
그들에게서 태어난 자식들은 다 어디 가고
예수 혼자 다윗의 자손인양 호들갑인지 모르겠군.
천명?
1000÷365 일?
뭘해?
하루 한 명씩을 만나도 2년이 넘네...
천명을 다 만나려면...

알고 보면 무지한 군중과 예수의 제자들이 그를 메시야로 만든거야.
그가 진짜 메시야라면 이스라엘만을 위해서 왔겠는가?
하나님이 그렇게 편협 하신가?
!
인류를 위해 오셔야 공의 로운 것 아닌가 말이야.
왕이 주인이 아니고 백성이 주인인 세상 이란 걸 모르 는가?
국민의, 국민에 의한 국민을 위한 때가 올걸세.
전 선생님의 말씀을 잘 못 알아 듣겠습니다.
저두요...

자네들 알아 들으라고 한 말이 아닐세! 이 만화를 보는 독자들에게 한거라구.
?
와아!
물러 가라!
물러 가라!
와 아 와!

물러 가라! 물러 가라!
물러 가라! 물러 가라!
이.. 이것들은 다
뭐... 뭐야?

우
우
우...
지금 반란을
일으키는거야?
어? 어?
일이 계획대로
잘 되어 가는군.
헌디..
뒤가 왜 이리
조용한겨?
슥
삐질

텅
멍 멍…
엥?
어따메
이것이
어쩌금 된 것
이여?
어… 어느새?
호산
호산나
뜨악
……!
물러 가자!
물러 가자!
탁
탁
탁
탁
뭐야?
이건 퍼포먼스가?
백부장님께
보고 해!

정말 아찔했다.
열성당원으로 보이는 한 편의 무리들이 민란을 선동 했으니 말이다. 다행히도 군중들은 그들과 합세하지 않았고 예수와 그 제자들도 그 자리를 떠났기에 망정이지...

이게 뭐여~ 예수를 직접 만났어야 하는디..
광
왜!
저기.. 제가 예수의 제자를 알고 있걸랑요.
누구여?
쑥
베드로 걸랑요.
너두 쪼게 멍청하다 잉!
진즉 말을 했어야제
누가 물어 봤나요?
장난치냐? 시방!
꼬르륵

로마 총독 본디오 빌라도는 당시 그의 유력한 후원자였던 세아누스가 로마에서 실각 되었기 때문에 그는 매우 예민 해져 있었다.

헌데 예수의 입성 소식이 그의 불편한 마음을 건드렸다.

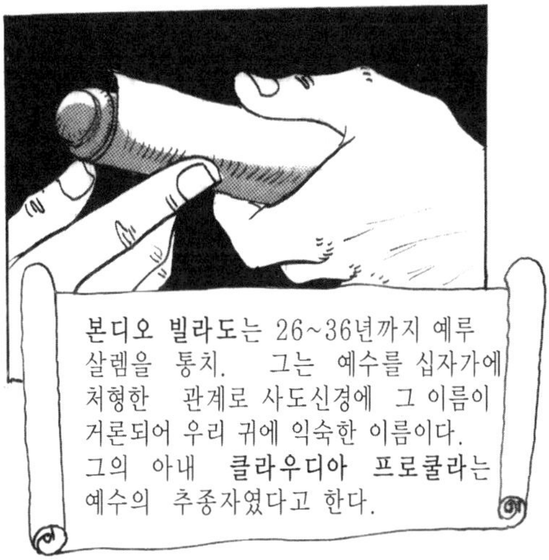

그런데 각하 안나스는 들어 올 수가 없답니다.
왜?
그게... 절기 동안에는 이방인의 집엔 들어 올 수 없다고.
복잡한 민족이군.
지금 어디 있나?
정원에서 기다리고 있습니다.
유월절은 이스라엘의 명절이라죠?
예... 각하.

우리 선조들이 4백년 동안 애굽의 노예 생활을 끝내고 나올 때
바로 왕이 방해를 해서 여호와께서 애굽에 10가지 재앙을 내렸지요
그 마지막 재앙은 모든 장자와 가축의 처음 난 것을 죽이는 것이였는데
끔찍하군.
그러나 문설주에 어린양의 피를 바른 이스라엘 백성들은 그 재앙을 피할 수 있었죠.
그 사건으로 이스라엘 백성들은 애굽에서 나올 수 있었지요. 그 날을 유월절로 기리고 있습니다.
지금도 어린양의 피를 바릅니까?
아.. 아닙니다.
다행이군.
헌데... 당신네들은 왕을 원하고 있소?

왕이라뇨?
이스라엘을 통치
할 왕 말이요?
그.. 그럴
리가요?
그럼
메시아는 뭐요?
아!
메시아요?
그렇소!
오해가 있으신
것 같습니다.
각하.

나귀 탄 청년이
양의 문으로 예루살렘에
들어 오는 동안
군중들의 환호가
대단 했다던데?
그... 그건...
그 예수가 이스라엘의
새 왕이 된다던데..
그런 상황에서
백성들의 선동이
있었다던데?
그... 그럴리
가요?

헤프닝으로 끝났지만 이럴 수 있소?
아.. 그게.
잘 모르는..
실망이 크오! 그런 무책임한 말씀!
으음!
난 당신네들의 유월절엔 관심이 없소.
허나 황제께 보고서를 쓰는 일은 없게 하시오.
예... 각하.
당신 사위를 비롯해서 산헤드린 칠십인 회원들에게 전하시오.

백성을 안정 시킬 능력이 안되면 뒤로 물러 나라고..
심히 송구 스럽습니다.
종교가 로마를 대항하는데 쓰인다면...
우린 묵과하진 않을 것이요.
난, 종교는 백성을 하나로 묶는 것으로 족한 사람이오.
예, 총독 각하.
안나스는 사두개파의 한 사람으로 그도 대제사장이었다.
가야바의 장인이기도 하며 유대인의 지도자로서 늙었으나 여전히 영향력 있는 인물이다.
바르르르

와! 보인다. 보여!
할렐루야!
예수님이 고쳐 주셨어!
내 문둥이 병도 고쳐 줬다오.
이건 기적 이야!
예수님 저도 고쳐 주세요.
저도요.
우리 아이도 고쳐 주세요.
좀 기다려요. 지금은 하나님의 말씀을 전하고 계세요.
그래? 기다려야지.
누구든 나를 따르려거든..

자기를 부인하고
자기 십자가를 지고
나를 쫓으라.
지가 뭔데
따르라는 거야?
그러게.
또 누구
든지
제 목숨을 구하고자 하면
잃을 것이요.
누구든지 나를
위하여 제 목숨을
잃으면 찾을
것이라.

스스로
하나님 흉내를
내는군.
저 건방진 작자를
시험해 봅시다.
그럽시다.
당신이 행하는
권세를 준 이는
누구요?
......
나도 당신에게 묻겠다.
요한의 세례가
하늘에서냐?
사람에게서냐?
뭐?

요한의 세례가 하늘로서라면 왜 자기를 믿지 않느냐고 할꺼고...
사람에게서라면 백성이 요한을 선지자로 인정하는데
흥분한 군중이 우릴 돌로 칠 것 아닌가.
음... 고민이다.
....
나... 난 모르겠소.
나도 무슨 권세로 이런 일을 하는지 말하지 않겠다.
이.. 익! 정말 말로는 못 당하겠군.

화 있을 것이다. 외식하는 서기관과 바리새인들아!
너희는 박하와 회향과 근채의 십일조를 드리되
율법의 더 중한 의와 인과 신은 버렸도다.
이것도 행하고 저 것도 버리지 말았어야 했도다.
저 작자가 군중 앞에서 우릴 힐난 하다니...
괘심한 것!
소경이 소경을 인도 하는 자들아 잔과 대접은 깨끗하지만
그 안에는 탐욕과 방탕으로 가득하도다.
헉!
윽!
회칠한 무덤같이 겉으로는 아름답게 보이나 그 안에는 죽은 사람의 뼈와 모든 더러운 것이 가득한 서기관과 바리새인들아 너희에게 화가 있을 것이다.

왜 우릴 힐난 하는게요?
......!
우~우~우 우
그만...
백성들이 보고
있지 않소?
에잇!
어디 두고
보자!
하하하
야 말씀 정말
기가 막히다. 가슴에
팍팍 박히는 구만.
암! 그렇지!
우리 회당의 랍비는
말씀이 지루해서
모두 졸아요.
졸기 대회를
벌이는 것
같아.
으가 그거 미치지
졸음 마귀가 역사
하는구나.
그게 설교가 끝나면
잠이 딱 깨는거야.
으이..
웃긴다.

그럼 회당을 옮겨.
근데 그것만 빼고 아주 훌륭하신 분이 거든
으아! 이러지도 저러지도 못하네...
허긴...설교는 예배의 한 순서지..
으아. 그래도 말씀을 잘 받아 먹어야 성숙해 지는거 아닌가?
우리 회당 랍비는 정말 설교를 잘해 아멘 소리가 절로 나와.
으아.. 좋겠다.
근데 랍비가 헌금을 횡령 했거든..
성도가 절반으로 줄어 들었어.
으아아.. 그것도 문제구만..
자꾸만 울고 싶어지네.

주인님은 예수의 추종자들이 늘어 날 수록 위기감을 느끼고 있었다.
자칫, 산헤드린 자체가 해산 될지도 모를 일이다.

그야 물론이지요.
허나 예수는 메시야가 아니외다.
그는 사기꾼이요.
그가 메시야 였다면.
3년 동안이나 요한의 흉내를 내며 노숙자 모양 돌아 다녔겠소?
벌써 이스라엘의 주권을 로마로부터 찾았겠지.
그는 성령으로 잉태 되었다 하지 않소?
핫핫핫핫
왜 웃소?

배아 줄기 시험하나요?
배아 줄기가 거기서 왜 나옵니까?
처녀가 혼자 애를 낳았다는 말을 누가 믿겠소?
마리아에겐 약혼한 요셉이 있었잖소.
성령으로 임신한 증거를 댈 증인이 두 사람 이상 있소?
그걸 누가 증인이 된단 말이오?
그러니 믿을 수 없는 거지요.
혼전 임신을 위장한 것에 불과 합니다.

단종교배: 인간의 상식으로는 극히 이례적인 현상으로 아주 일부의 경우 우주 본체의 아버지로부터 처녀에게 정자의 역할을 할 수 있는 것으로 단종교배로 탄생 했을 경우 자손을 둘 수 없다. 이는 일부 기능이 제한 되는 것이다.

야훼의 능력으로 처녀에게 임신 시키는 것은 어려운 일이 아닙니다.
하여튼 잘도 갔다 붙입니다.
이것봐요!
무슨 말을 그렇게 하오!
....!
영적인 세계를 이해하고 하는 말이요?
......!
그건..
가설입니다. 가설!

당신은 야훼의 능력을 불신 하는 거요?
이것 보시오.
정 그러시다면 D. N. A를 분석해 봅시다.
D.N.A.?
그게 뭐요?
신체의 일부만 있으면 가능한 것 아닙니까?
영적 세계니 뭐니 띠들지 말고..
그게 가능 하오?
그럼요.
공룡의 피를 먹은 모기의 화석으로

공룡을 만들어 낼 수도 있는데...
영화이긴 하지만...
뭔 애기야?
글쎄?
만화에서 영화애기가 왜 나와?
그럼 왜 백성들이 동요하는 거요?
그건 조작이오.
바꿔치기 한 거라구요.
바꿔치기?
누구랑 바꿨다는 거요?

그건 말이야.
미트라지.
미트라?
미트라가 누구요?
도대체 말이야.
지성을 갖춘 이 시대의
지도자들이
미트라를 몰라서
말이 되느냐 말이야.
당신이야 동양 철학과
신학에다 한의학까지
두루 섭렵했지만
우린 다르잖소.
알았어요.
모르는 것을 모른다고 하는 건
부끄러운 일이 아니지.

미트라: 고대에 있었던 존재로써 신의 아들이라 불리웠고 세상의 빛이라고도 했다.

미트라는 12월 25일 탄생했고 12명의 제자가 있었으며 죽어서 암석에 묻혔다가 사흘 후에 부활했다고 전해진다.

신의 아들이라는 예수의 위상 수립은 니케아 공회에서 공식 제기되어 투표에 붙여 만들어 졌으며 니케야 공회는 콘스탄티누스 대제가 교파를 초월하여 소집한 회의 였다고 한다.

당신은 참 똑똑한데
당신 말만 들으면
혼돈이와.
내 말이 혼란스런게
아니고 세상이
혼란스러운거지.
정말
혼란스
럽군.
예수는
분명 우리와
다르오.
그의 하는 일은 권능이
있고 사랑이 있소.
그에게
물어 봐야
합니다.
뭘 물어
본다는 거요?
그는 선지자들의
예언을 성취해
가고 있소.
예언...?

이것 보시오.
예언 이라는게 모두
상징적이고 비유로
된 것 아니오.
누구라도 꿰 맞추면
그럴 듯한
퍼즐 놀이요.
예수의 기적은
특별한 것이 있소.
맞소 그는 나인성 과부의 아들과
야이로의 딸과 나사로를 살렸소.
이런 기적은 아무나
일으키는게 아닙니다.
슥

......!
기적이 예수만 일으켰소?
홍해를 가르고 바위에서 물이 나게 한 분은 누굽니까?
모세죠.
맞소!
병거 타고 하늘에 올라 간 엘리야도 있지 않소.
그러나 그런 선지자 중 누구도
계명을 어긴 자는 없소이다.
계명을 어기다뇨?

예수는 안식일을 범했잖소!
그건 병을 고쳐 준 겁니다.
이것 보시오!
안식일날 아무것도 하지 말라는 계명을 어긴거요.
그리고 자기가 안식일의 주인인양 야훼를 모독했소.
그 뿐인줄 아시오?
군중들 앞에서 우리에게 뭐라고 힐난 했소?
독사의 자식이라 하지 않았소?
과부의 돈을 등쳐 먹는 자라고 하지 않았소?
저... 저런 고약한 인간!

회칠한 무덤처럼
겉은 번지르하나
속은 썩어 냄새 나는
해골 같은 인간들이라고
하지 않았소?
결단코
하늘나라에
들어가지 못할
것이라
단언 하지
않았소?
건방진
작자!
그걸 그냥
놔 둘꺼요?
이게 다 뭡니까?
산헤드린을 몽땅
몰아 내려는 술책
이지요.
이래도
그냥 두고
볼 겁니까?

당장
죽여요?
체포 하시오!
돌로 쳐 죽입시다.
잠깐!
613 개 조항의 율법에
능통하신
가마리엘
선생님의 의견을
들어 봅시다.
그래, 말해 보시오.
모세는 율법에
기록하기를..
너희 중에 선지자나
꿈꾸는 자가 일어나서
기사와 이적을 네게
보이고 말하기를
네가 본
알지 못하는 다른
신을 ?우리가 섬기자
하며

기사와 이적이 그의 말대로 이룰찌라도
너는 선지자나 꿈꾸는 자의 말을 청종하지 마라.
이는 너희 하나님께서 너희가 마음을 다하고 성품을 다 해서
여호와를 사랑하는지 여부를 알려 하사
너희를 시험함이니라.
그 선지자나 꿈꾸는 자를 죽이라!
이같이 하여 너희 중에 악을 제거하라고
기록하였지요.
맞소! 예수는 꿈꾸는 자요!
거짓 선지자 예수를 죽여라!
당장 체포해요.
조용....

율법에 반항하는 이단자 처벌 기준

① 신전을 모욕하거나 모독하는 자는 사형에 처한다.
② 신의 영예 혹은 이름을 사칭하는 자는 신을 모독하는 자다.
③ 죄가 확증된 신의 모독자는 돌로 친다.
④ 돌로 친, 신을 모독한 자의 시체는 십자가형의 틀에 매여 단다.
⑤ 안식일의 규정, 기타의 계율을 고의로 범하는 자는 신을 모독한 자이다.
⑥ 만약 그 자가 경고에 귀를 기울이지 않고 여전히 율법을 위반한다면 그 자는 사형으로 정해 돌로 치지 않으면 안된다.

왜? 우릴
안도와 주는
거요?
뭘 말이요?
당신네
선상이 왜
우리를
안도와
주냔 말이요?

우린 당신네 선상이
이스라엘의 왕좌에 앉아
옛 솔로몬의 영광이
되살아 나도록 하는데
목숨을 걸어 뿌렀소.
........!
헌게 이 기회에
거사를 이룹시다.
당신네 선상이
앞장만 서 주면
된당게.
......!
부탁 쪼게 합시다.
베드로씨!
난 모르오.

찡하네요.
당신이 모르면 누가 안다요?
그만 돌아 가시오.
뭣시여? 시방 예수 믿고 빼기는 거여?
돌아 가라 니까!
니가 뭔데 가라 마라 하는 거여?
콱
이거 못놔?

못 놓치라
도와 준다고
할 때 까진
못 놓치라!
팍
쿵
작것이
사람을 짐짝
취급하네.

팟
욱!
이거 못봐?
당신들만 답답한 줄 알아!
나도 마찬 가지야!
쿠다당
욱!

난 선생님이 하라는 대로만 할 뿐이야.
왜? 내 생각으론 그 분을 알 수 없기 때문이지.
나를 사람을 낚는 어부가 되라고 할 때부터 난 그 분만 따르기로 한거거든.
난 그 분의 곁에서 떠나지 않을거야.
이건 나의 신념이라구.
홱

뭔 힘이
고로코롬
쎄냐?
어부잖아요.
팔 힘을 당할
사람이 없다
니까요.
흐 흑..

베드로는 신념을 가지고 예수를 따르고 있었다.
어떤 경우에도 예수의 곁을 떠나지 않을 것 같았다.
외부의 도움을 기대했던 열성당원들은 실망감이 컸다.

타
탁
탁
예수님
피하세요!
헉
피해요!
헉
뭐야?
헉
헉
예수님을 잡으려고
병정들이 옵니다.
뭣이?

척
척
비.. 비켜요!

우리 예수님이 무슨 죄를 졌다고 잡아 가려는 거야?
안된다!
비키세요. 예수는 이단자 예요.
병든 사람을 고쳐 주고 실의에 빠진 사람에게 위안을 주는게 이단이냐?
말도 안돼.
물러 서요!
바리새인들 에게 바른말 했다고 그러냐?
말이야 바른 말이지.

비켜욧!
이건 공무 집행 방해 입니다.
우-우우
안되겠어!
이러다 민란이 나면 곤란하지 않은가?
놓쳤다.
예수를 체포 하는 일은 생각보다 어려웠다.
예수를 체포하면 폭동이라도 일어 날것 같지 않은가?
이제 군중은 예수를 진짜 메시야로 믿고 있는 것 같았다.

일이 복잡해져 가는데요.
사실대로 보고 드리자고.
민란은 막아 야지.
오빠!
사라!
오빠!
어머니가..
어머니가.
왜?
갑자기 쓰러지셨어. 꼼짝도 못해.

뭐야?
50 부장님 야니엘 집에 들렀다. 가겠습니다. 뛰어 가면 같은 시간대에 도착 할 수 있을 거예요.
알았네.
어머니 어떻게 된 거예요.
모... 몰라...
내가 가서 의원을 불러 올께.
벌써 다녀 갔어.
뭐라던?

중풍이래..
중풍?
어... 어쩌다 어머님이..
그건 불치병 인데..
....
야니엘 어머님은 평소에 내게 얼마나 잘해 주셨던가...
말고야 많이 먹으렴.
예!

어머니는 친아들 한테는 먹으란 말씀 안하시고.
말고한테만 그러세요?
섭섭하냐 야니엘?
그래요!
말고는
덩치가 크지 않니?
야니엘 오빠! 많이 먹어 또 줄께.
하하하
호호호
친아들처럼 대해 주시던 분이였는데..
아!

폭동?
늙은 노인들까지 막고 물러서지 않는지라.
그래서 실패했단 말이지?
예 주인님!
으음.. 명절은 피해야겠군.
안됩니다. 늦어 질수록 체포가 어려워 질겁니다.
무슨 방법이 있소?
예수가 로마의 편을 드는 것을 알게 된다면
군중들은 예수에게 등을 돌릴 것이오!

그러나 예수는 로마의 편을 들지 않잖소?
제게 계략이 있습니다.
잠깐, 귀 좀.
속닥.
속닥.
오... 묘안이군요.
당장 가시오!
내가 가리다.
나도 동행 합시다.
장로들은 예수를 체포하기 위해 모든 방법을 동원 했다.

사사삭
사삭
왜... 아직
소식이 없지?
기다려 봐.
우리 대장
똥배짱이
있잖아.
왜 예수를 체포하는데
너희들이 도와 주겠다는
거냐?
아 몇 번
이나 말혀야
쓰것소..
긍게 예수는
말이여 이스라엘
독립엔 관심이
없당게.

방해만 되지.
방해?
종일 기적만 일으켜야 뭐 하겠소? 중요한 건 이스라엘 독립이제 긍게...
예수가 로마놈들과 내통하고 있당게요.
로마인과?
무슨 말 이냐?
로마 백부장 하고도 예수랑 그런 그런 사이고..
총독 부인도 예수를 만나는 걸 봤당게요..

총독부인 프로쿨라가?
군중들이 속고 있는거여! 예수는 우리랑 적이랑 게요.
음..
대제사장님 궁게 우리랑 손을 잡드라고요.
네가 원하는게 뭐냐?
거시기 말이오 예수가 체포되면 대신
바라바를 석방시켜 주시오.

열성 당원들은 예수에게
등을 돌렸다.

사람들은 그들의 필요에 따라
예수를 찾은 것이다.

그러다 원하는 바를 얻지 못하면
열성당원들처럼 등을 돌릴 것이다.

예수는 말이야!
못 고치는 병이 없데요.
증말?
그럼! 심장병 위장병 고혈압 당뇨!
뭐든!
손만 슥 갔다 대면 끝이야.
암도 고치남?
암뿐이야 희귀병도 그 자리에서 고쳐요.
햐!
나도 가봐야 겠네.
어디 아퍼?

난 위염이
좀 심하거든...
위염은
병도 아니지.
근데
공짜로
고쳐 주남?
이 사람아
세상에 공짜가
어딨어!
그냥 고쳐
준다던데...
세상 돌아
가는 이치를
모르는구만.
예수님 같은
분은 절대 돈
거래 안해요.
체면이
있지...
직접 돈을
받겠어?
그럼?
제자들이
받지.
그래?

근데..
당신은 지금 가도 못 고칠 걸...
왜?
?
환자들이 워낙 많아서 대기 번호표를 나눠 준데요.
차례대로 하자면 한 달은 기다려야 할 걸...
종합병원에서도 유명한 의사는 1년을 기다려야 한다던데...
방법이 있긴한데..
그게 뭐유?
내가 예수의 제자들을 잘 알거든...
나한테 돈을 주면 제자들한테 부탁해 보지.
나 좀 부탁합시다.

10만원만 내!
10만원 이나?
이사람아 10만원이면 싸지.
예수가 고치는 병은 의료보험 해당이 안되잖아.
어쩌나 5만원 밖에 없는디...
5만원?
할 수 없지 그거라도 내놔 봐!
내가 아무 한테나 이러는거 아니야.
당신이 사람이 좋아 보여서 그러는거지.

고마워유
여기 5만원!
다른 사람한테
소문 내지 말어.
10000원
왜?
생각해 봐
이 무더위에
며칠 몇 날을
기다리는데.
날 통해서
금방 병을 고쳤
다는 소릴
들어 봐
다 나한테
몰려 올 것
아니야.
그렇겠네…
그럼
내가 한 둘도
아니고
그걸 어떻게 다
제자들한테
부탁하누?
그렇겠네…
이런 일은
소리 소문없이
해야 하거든.
알았어유.

당신 여기서
뭐 하는거야?
이익!
그 돈
뭐야?
당신들
뭐야?
그건 왜
묻소?
이 사람
지난 번에도
사기치더니
상습범
아냐?
사기?

이거 왜 이러슈 이 돈은 내가 보관 하는거요.
당장 그 돈 돌려 주시오.
당신들은
누구시요?
우린 예수의 제자들이요 이 사람은 사기꾼이요.
익!
병을 고쳐 주는데 돈은 필요 없소.
이 사람한테 속은거요.
예수님을 팔아서 사기쳐?
지옥 맨 아래로 떨어 질 놈아!
이거 왜 이래?
예수 팔아서 사기 치는게 나뿐이야?
회당에서도 병 고쳐주고 헌금 받는거 봤다구.
왜 나만 가지고 그래?

우리는 당신이 진실하고 아무것도 두려워 하지 않고 말씀을 하는 줄 알고 있소.
그래서 한가지 묻겠소!
.....
지금 우리는 로마의 통치하에 있는데.. 그렇다면 세금은 누구에게 내야 옳습니까? 우린 하나님의 백성인데..
.......!

로마에게 세금을 내야 한다면
군중들은 예수에게 실망을 느낄 것이고.
세금을 내지 말아야
한다면 민중을 선동한
죄로 로마의 미움을
사게 될 것이다.
왜 나를
시험 하느냐?
익! 눈치
하나는
빠르군.
슥
이 동전에 새긴 형상이 누구냐?
가이사
황제요.

그렇다.
가이사다.
그러므로 가이사에게 난 것은 가이사에게 하나님에게 난 것은 하나님께 바치시오.
미꾸라지 같이 잘도 빠져 나가는군.
맞는 말씀입니다.
선생님의 지혜의 말씀은 놀랍습니다.
실패다.
바리새인과 율법학자들은 여러번 예수를 시험 하였으나 그는 지혜롭게 넘겼다.
그로 인해 백성들은 더욱 그를 따랐다.

쾅
두고 보자! 예수!
이대로 물러설 내가 아니야!
니가 이기나 내가 이기나!
생각보다 강적이오!
음…
따르는 군중이 더 많아 졌소.

그렇다면
나도 생각이
있지...
기다려라..
예수!
이번엔
확실한 걸루
해요!
크크크크
?
두고 보면
알게 될겁니다.
뭔일 내겠어.
아니
어쩌려고
그러지?

열성당원들은 정보를 가지고 수시로 찾아 왔다. 그들은 제자들의 행동까지도 빼놓지 않고 감시하고 있었다.
그 예수 뱃짱이 보통을 넘는당게요.
언제 잡힐지도 모르는디..
어제 밤에도 감람산에서 노숙을 했당게요.
뭔 속인지 모르겄소.
?
그란디 말이요 제자 중 가룟유다가 안보입디다.
뭔일 꾸미는 것 아니겄소?
유다는 잔머릴 잘 돌린다던데..
그 정도 정보는 우리도 알고 있으니까.

나가!
신경 복잡해.
아따
인정 머리도
없소.
자주 봐야
정분이 나제
이제 우린
한 배를
탔는디.
시끄러워!
하나 더 있는디요.
아따! 선상이
제자들 발을
씻어 줬당게요.
왜?
내가 알것소?
예수는 세상을
꺼꾸로 산당게.
그라문서
너그들도
서로 발을
씻겨라
했당게요.
예수가
왜?
갈 것이요 또 오것소!
헤헤

똑
똑
들어 오시오.
끼익
데리고 왔습니다.
……!
슥
누구 본 사람은 없었지?
예.

왜 만나 자고
했습니까?
.....!
그럼...
전... 이만
여기.
감사합니다.
쿵
자네가 예수의
재정을 담당하고 있다지?
그런데...?
무슨 부탁이라도
있습니까?
눈치가 빠르군.
역시 통하겠어.

엘기말가 같으신 존귀하신 분이
미천한 저와 무슨 일이신지.
본론을 말씀 하시죠?
좋아.
예수는 곧 체포되어 죽을 걸세.
?
왜죠?
몰라서 묻나?
그는 기득권 세력에 도전을 했기 때문이지.

그게 죽어야 할 이유인가요?
기득권 세력이야말로 역사를 이끄는 주역 인데...
감히.. 도전장을 던지다니...
단지 그 이유 때문 인가요?
또 있지.
신전을 모독하고..
율법을 고의로 무시 할 뿐 아니라.
백성을 선동 하였으니.. 그리고..
감히 야훼를 모독 하다니..
그건 사형이야.
심각 하군요.
율법은 우린 민족의 신앙적 자존심 아닌가?
모세로부터 내려온 정통법을 깨다니..
그게 제 정신 인가?

허긴 예수는 자신이 잡혀 죽을 것이라고 세번 씩이나 예언했소.
그럴 수 밖에..
그 때 우린 가슴이 다 내려 앉았죠.
암 당연하지.
그리고 3일만에 부활 할거란 예언을 했지요.
크크크 부활?
그 말 믿나?
죽고나면 누구한테 그걸 묻겠나?
그 말을 믿는 사람은 잆소.
그럴꺼야.

그는 갈수록 무력해졌소.
현실을 외면한 그의 사랑을
이해 할 수 없소.
하늘나라가 곧 온다고 하더라도
당장 먹어야 사는게 인간 이잖소?
강대국의 압제에서 해방 되지 않고는 이스라엘의 행복은 없는거 아니요?
사랑도 필요하고 진리도 필요 하지만
자유가 더 필요 한거 아닙니까?
암~! 로마의 압제 아래에서
사랑이 대체 무슨 의미가 있나?

예수는 현실을 외면하고 있소.
우릴 도와 주게!
사례 하겠네!
턱
예수를 배반 하란 말이요?
그건 생각 하기 나름!
예수를 돕는거지
돕다니?
그런 이율배반이 어디 있소?
죽음을 예언 했으면 누군가가 그 일을 이루는 자가 있어야지?
안 그런가?

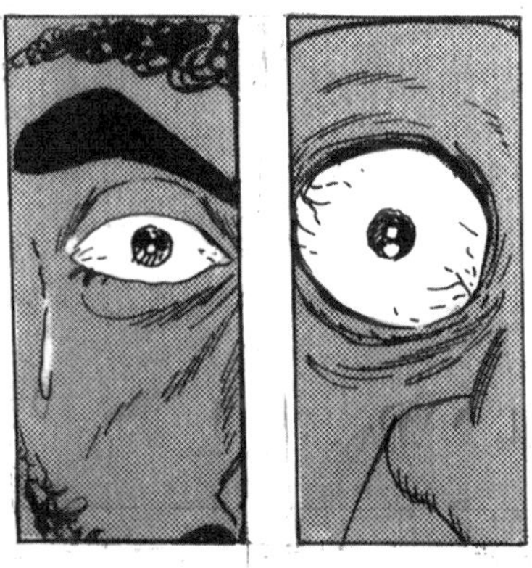

사람은 누구나 앞날에 대한 두려움을
갖고 있다.
그것이 불확실한 시대에서는
더 심한 것이다.
유다에게 있어서 예수를 배반 하는 것은
더 이상 미래에 대한
보장이 없는 상황에선 어쩔 수 없는
선택이 아니였을까?

휘이 잉
턱
군중들은 예수에게
매료 되어 있다.
그를 메시야로
믿고 있는거야...
난...
예수를 체포
해야 되는데..
주인님의
명령은 곧
야훼의
명령이다!

아! 선생님!
무슨 고민을
하고 있느냐?
아뇨!
요즘 네 표정이
옛날과 다르구나.
뭔가에
상기되어
있어.
.....!
말고...
고민 하지 마라.

우리
정원을 좀
걸을까?
휘이
바람이 쎄구나.
계절풍입니다.
선생님
말고! 저 바람은
어디서 와서 어디로
가는지 아느냐?
쐬이이
모.. 모릅니다.

예수가 바로 저런 분인 것 같구나.
옛?
육신을 가지고 태어난 사람은
영의 일을 알 수 없다.
영의 일?
너는 하나님 나라에 들어 가기 위해
무얼 하느냐?
계명과 율법을 지켜야 되지만 전... 아직 부족 합니다.
십계명 이외에도 우리에겐 지켜야 할 율법이 너무 많지.
그럼.. 어떻게 해야 하죠?
거듭 나야지.

다시 태어 나야
한단 말인가요?
어떻게 어른이 되어서
어미 뱃속에 들어 갈 수
있나요?
말고! 그런
것이 아니다.
물과 성령으로
다시 태어 나야
한다.
성령 이라뇨?
성령은 하나님의 거룩한 영이다.
우린 육으로 태어 났을 뿐
영은 태어나지
않았다.
그래서 영이
하는 일을
육의 눈으로는
알 수 없지.

예수가 메시야라면 그 답도 가지고 있겠지.
어쩌면 영혼을 살리는 바람을 일으킬 지도..
그 말씀은..?
선생님!
말고! 예수님은
네게 잡히실 분이 아니다.
그 일을 포기 해다오.
후우웅
옛?

저는 주인님의
말씀을 야훼의
말씀으로
여깁니다.
난 예수는
보통 존재가
아니라고
생각한다.
!
그럼
선생님께
예수는
누군가요?
이 시대에서 예수를
안다는 것은 무리다.
왜죠?
우린 아직
영으로 태어나지 않았는데
어찌 그를 알겠느냐?
감히 여쭙습니다.
왜 예수체포를 포기
하라는 거죠?

니고데모 선생님이 남모르게 예수를 만난 소문은
사실인가 보다.
반대 의견을 가지신 선생님의 말씀으로 난 몹시 혼란
스러웠다.

그러나 나를 더욱 놀라게 한 것은 그 후의 일이었다.

예수님이 어머님의 병을 고쳐 주셨어.
뭐!
예수가!
주인님이 아시면 날벼락이 떨어 질텐데…
말고!
어머님이 완쾌 된 걸 봐!
너도 그 분을 직접
만나 봐!
그래야 그 분의 존재를 알 수 있어.
……!
그래 너도 만나 보렴.
그 분은 메시야 란다.
기적을 일으킨다고 다 메시야는 아니예요.

말고 무슨 말이냐?
우리처럼 가난하고 눌린 사람들에게
죄에서 구원시키고 병도 고쳐 줬는데..
넌 병든 사람의 심정을 이해 못하겠지?
병들어 죽어 간다는게 얼마나 비참 한 줄.
예수를 체포 해선 안된다.
더 많은 환자들이 고침을 받아야 해.
이스라엘도 곧 해방 될거야.
아... 그만해요.
그... 그게 아니라니까.

혼란
스럽구나.
내가 땅의
일을 말하여도
믿지 아니하거든 하물며
하늘 일을 말하면
믿겠느냐?
예수님은
내 병을 고쳐 주신
분이다.
말고!
말고!
번쩍!
뭘해? 주인님이
부르셔!
응...! 그래.

덜컹
헉!
수군
수군
말고 이리 오너라.
이 사람이 가룟 유다다.
꿀꺽
말고 입니다.
가룟 유다요.
예수를 체포 할 수 있도록 협조하기로 했다.
엘기말가 선생님의 마지막 방법이 이거였군.
요즘 예수는 밤이면 겟세마네 동산에서 혼자 기도합니다.

뭔가를 예감한 듯
간절한 기도를...
그 때 체포 하자고?
제가 기회를 봐서 연락 하겠습니다.
그렇겠군
그 어둠 속에서 예수를 어떻게 확인 할 수 있죠?
내가 예수의 얼굴에 입 맞춤을 하겠소.
그를 체포 하시오.
언제?
아마 내일 쯤...

저벅
저벅
좀 물어도 되겠소?
당신은 예수와 3년 반동안 같이 지냈죠?
뭐요?
그렇소.
그럼, 예수는 누구요?
그를 모릅니까?
야훼가 보낸 분이요?
글쎄....?

예수가 우리들에게 당신이 묻 듯 자기를 누구냐고 물은 적이 있소.
그 때 베드로가 말했지요.
주는 그리스도요 살아 계신 하나님의 아들입니다.
하나님의 아들?!
그럼 메시야요?
그는 스스로 메시야라고 한 적이 없소.
그럼 뭐요?

난 3년동안 그를 따라 다녔지만..
그가 누구인지
확실치 않소.
사실 나도 열성
당원 이였소.
누구보다
이스라엘의 회복을
바라는 사람이오.
그래서
그의 제자가
되었는데..
......!
그는 갈 수록
알 수 없는 존재가
되었소.
모든건 예수를 체포해
보면 알겠지요.

당신은 왜 예수를 배반 하는 거요?
나의 배반은
도박이요.
가룟 유다
가룟이란 게리욧에서 온 사람 이란 뜻으로 게리욧은 유대지방 의 사해가 내려다 보이는 고산 지대에 있던 마을로 추정. 현재의 아라드라와 가깝다.
도박?
고맙소!
혼자 가겠소!
배반이 도박이라.
예수의 제자조차 예수가 메시야란 확신이 없지 않은가?
더 고민 할 것 없다.
유다의 배반이 도박이면 예수의 체포는 충성이다.

하하 하하
됐어!
이젠 됐어!
됐다구!
아직 웃긴 이르오!
.....!
맞는 말이오 하지만 자꾸....
크크크..
예수의 제자가 역사를 바꾼다. 이 얼마나 드라마틱 한가 말이야.
크크크
재미 있어 아주 재미 있어!

다 준비 되었느냐?
옛!
유다에겐 아직 소식이 없나?
없습니다.

정보가 샌건
아니겠지?
그럴리는
없습니다.
저...
거시기..
쪼게 들어 가도
되겠소?
너희들이
여긴 웬
일이냐?
아따 이런 때 우리가
빠져서야 쓰것소?
뭐?
그 보다 예수에 대한
정보를 가져 왔당게요.
정보?

예수가 제자들을
다 불러 놓고
저녁을 먹는디
좀 요상한 짓을
하드랑게요!
이상한 짓?
떡을 쪼게 먹음시롱
이것은 내 몸이니 받아
먹으라고 말이여라.
떡을 자기
몸이라고?
또 포도주를
따라 줌시롱
내 피니
마셔라.

크핫핫핫!
뭐야 흡혈
귀야?
?
마치
구원자의
흉내를
내는군.
무슨?
자신이 마치
희생양이 되는 줄
알고 있는 모양이지?
희생양?
유월절의 어린양의
피로 구원 한다는
의미 말이야.

맞아! 예수가 어린양의 피다!
크크크
그러나 그것이 최후의 만찬이 되게 해야 해!
꼭!
최후의 만찬?

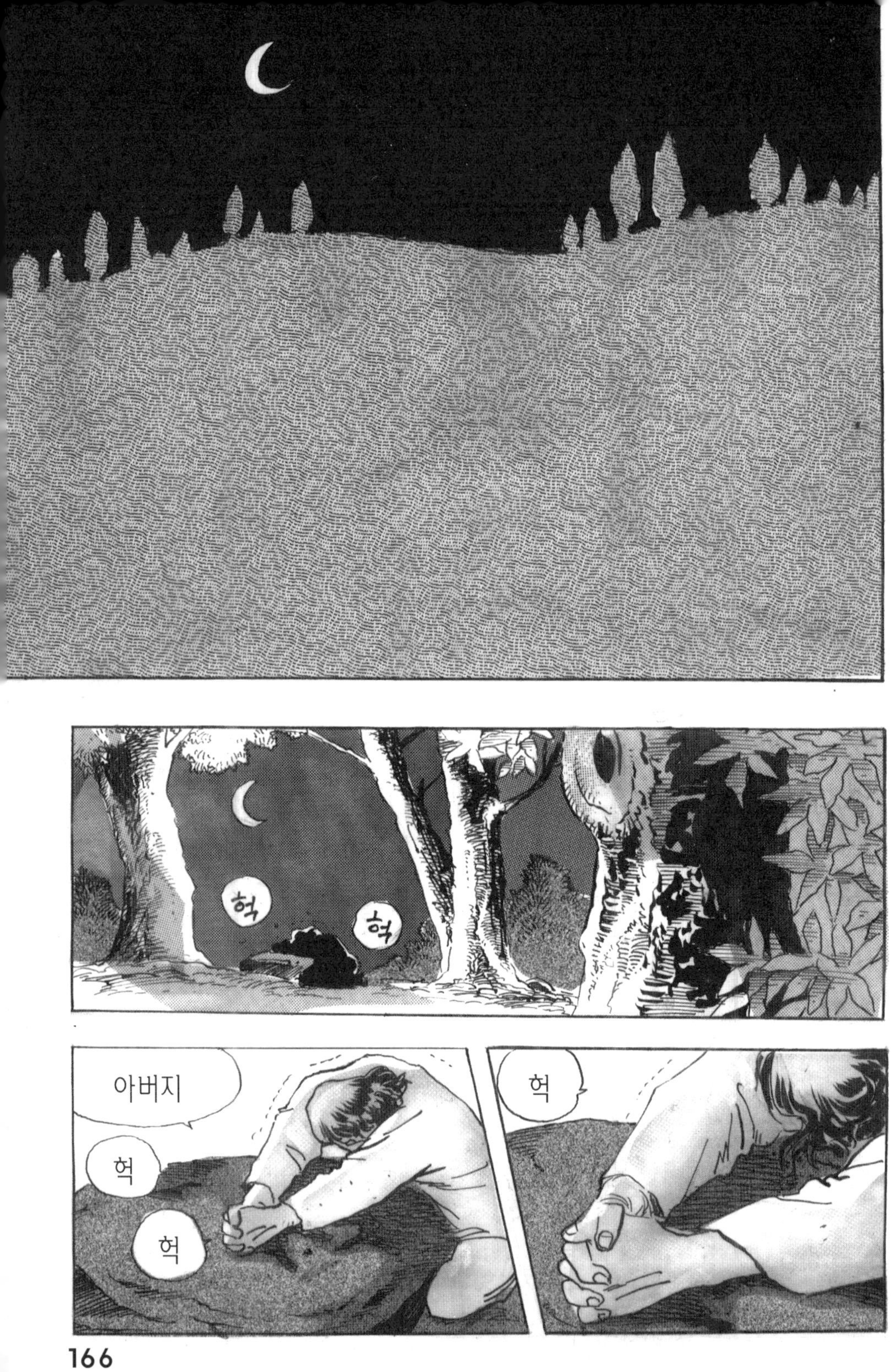
헉
헉
아버지
헉
헉
헉

할 수만 있거든
이 잔을 내게서
거두어 주소서.
헉
헉
헉
그러나 내 뜻대로
마시고
아버지 뜻대로
하소서.
헉
헉
헉
푸드드득

저벅 저벅 저벅 저벅

Z Z
Z Z
일어나 시험에 들지 않게 기도 할 때인데..
어찌 자고 있느냐?
예수님!
마음은 원이로되
몸이 연약하구나.
일어나라.

앗!
예수님!
죄송합니다.
나는
저들에게
팔릴 것이다.
누가 선생님을
판단 말씀입니까?
나를 잡으러
무리가 오고
있다.
우리가 잠이
덜 깨어서 잘 못
들었나 봅니다.
무리가
잡으러
오다뇨?

보아라!
병사들이 나를
체포하러 오지
않느냐?
저기다!
아니..
저 자들은?
.......!
유다! 누가
누군지 알수가
없잖소?

내가 그에게
입 맞추겠소.
조심 하시오.
내 심장은 쿵! 쿵!
뛰고 있었다.
기적을 일으키는
예수가 지금 눈 앞에
있는 것이다..
선불리 달려 들면
무슨 일이 일어
날지 모른다.
그래서 우린
많은 병사가 왔다.

누굴 찾느냐?
나사렛 예수다!
내가 예수다!
후욱
욱
윽

콰다당
우리는 순간 알 수 없는 강력한 힘에 의해 모두 쓰러 졌다.
으..
오메!
예수께서 그 당할 일을 다 아시고 나아가 가라사대 너희가 누구를 찾느냐? 대답하되 나사렛예수다 하거늘 가라사대 내로라 하시니라 그를 파는 유다도 함께 섰더라. 예수께서 저희에게 내로라 하실 때에 저희가 물러 가서 땅에 엎드러지는지라.
요한복음 18장 4절~6절
겁 먹지 마라 우린 저들보다 숫자가 많다.
주춤 주춤
윽.. 갑자기 오줌이..
난 배가.
꼼짝 마라! 너희들은 포위 됐다.

무슨 이유로 우릴 체포 하려느냐?
너희들은 군중을 선동하고
하나님을 모독한 죄다.
누가 하나님을 모독했단 말이냐?
율법을 어긴 놈들이 뭔 말이 많아?
넌... 열성당원?
지난 번은 내가 당했지만
오늘은 아니랑게...

간사한 놈들! 어느새
등을 돌렸느냐?
시쓰럽다고 뭔 말이
고로코롬 많은겨?
도와 달라고
통사정 할 땐
언제고..
내가 네들에게
속은겨...
네 놈 혼자 북치고
장고 치냐?
작것들
무릅을
꿇으랑게!

지금이다.
스윽
선생님!
유다야 네가
입 맞춤으로 나를
팔려느냐?

쭉
당신의 능력을 보여 주시오.
이 배반자 유다!
....
예수를 체포하자!

우르르르
예수! 야니엘 어머님의 병을 고쳐 준건 고맙다.
그러나 신성을 모독한 죄로 너를 체포 한다.
형제여! 나를 체포 하러 왔으니
내 제자들은 해치지 마시오.
그건 우리가 알아서 할 일이다.
맞어

안돼!
선생님은 피하세요!
넌 비켜!
챙

창
에잇!
콱
헛!
푹

섬뜩

툭
귀!
콰아
베드로야! 검을 멈춰라!
멈칫!

검을 검집에 꽂으라!
검을 든 자는 검으로 망하느니라!
으.. 선생님
검을 든 자는 검으로 망한다고?
하나님 아버지께서 주는 잔을 내가 거부하겠느냐?
검을 거두어라.
으..

너는 내가
하늘에 계신
아버지께 구원을
요청하면
열 두영이 더 되는
천사를 보내시게 할 수
없는줄 아느냐?
으~
12수는 만수의 개념이고 한 영은 6천명의 군사를 가르킨다.
그러므로 72,000명의 수를 나타내는 것보다 끝없이 많은 천사의 수를 나타내는 수다.
나는 예수가 한 말을
알아 듣지 못했다.
아니 이해가 되지
않았다.
하나님 아버지의 뜻을
따르겠다는 건...
예수가 죽는 거란
말인가...?

형제여!
무례함을 용서
하시오!
그대는
종으로 매여 있는
몸이군요.

스윽
진리를 찾으시오. 진리가 형제를 자유롭게 할 것이오.
헉
귀.. 귀가 붙었다. 이..이게?

난 당신을 체포하려고 검을 휘둘렀는데...
왜 내게 은혜를 베푸십니까?
덜 덜 덜
자! 나를 묶어라.
덜 덜 덜
뭔일이여? 요것이 긍게 떨어졌던 귀가 붙어 뿌렀어!
만화같은 야그네...잉!
어메 뚫린 구멍도 없어 졌구만.

아프지 않아도
나오는 눈물이
있다.
아따.. 근데
왜 우시오?
아즉 아프오?
요것이
기적이네 이잉
큭
…… 흑흑
나는 벅찬 가슴으로 숨이 턱에 올라 오고
온 몸은 전류에 감전 된 것 같이 떨렸다.
덜
덜
덜덜
요거이
뭔 조화여?

예수를 끌고 가자!
선... 선생님이 체포 되었다.
예수님!
서라!
서라!
각자 흩어져라.
잡히면 죽는다!

이놈!
텁
난 아니야.
엇
이게 뭐야?
훌렁
하하하
맨 몸에 담요 하나만 둘렀었군.
킥킥
말고 예수님은 네게 잡히실 분이 아니다.
철수!
철수!

으
읍
푸

푸하하하
이겼다. 이겼어!
내가 그대를 이겼다.
하하하하
생각보다 볼품없는 몰골이군.
어디 여기서 재주를 펼쳐 봐라!
넌 기적을 일으킨다며?
새파란 젊은이군.
그대의 제자들은 어디 갔나?

모두 도망 갔습니다.
……
예수 바람도
별 것 아니잖아?
그 많은 제자들이
바람에 나부끼는
겨처럼
흩어 졌단 말이지?
쿠쿠쿠
스 읏
……!
그대가
나사렛 예수
인가?

음…
그 때까지도 유다는 예수가 그 능력을 펼쳐 보이길 바라는 것 같았다.
네가 하나님의 아들 메시야인지 말하라.
저 사람이 성전을 헐고 3 일만에 다시 지을 수 있다고 했소.
나도 들었소.
말하라! 그대가 하나님의 아들인가?
내가 너희들에게 말하노니.

이후에 내가 하나님 우편에 앉아 있는 것을 볼 것이다.
그리고 내가 하늘 구름을 타고 오는 것을
너희가 볼 것이다.
에잇!
찌직
헉!

저 자가 하나님을 모독하는 말을
모두 들었지요?
더 이상 증인이 필요 없소.
들었소!
나도!
그대들 생각은 어떠시오?
사형시켜요! 당장!
사형!
사형!

산헤드린 회원들과 주인님은
극도로 화가 났다.
흥분한 상태에서 예수에게 폭력을
가하고 조롱했으나
예수는 어린양처럼 조용히
당하고만 있었다.

펵
콰
가룟
유다.
덜
덜
덜
덜
왜? 어디
아프시요?
나.. 난
후회하고
있소...
덜
덜

당신의 배반은 도박이라고 하지 않았소?
크크흐흑
그 도박은 나의 참패요.
예상했던 일이 아니요?
난.. 이런 돈이나 받자고 한 일이 아니야
예수가 저렇게 무기력하게 당할줄은 몰랐어.
난 이제 인류 역사에 오점을 남긴 배신자로 남게 되었다구.
예수가 날 파멸의 웅덩이로 빠트린거야.

탁
탁
탁
쾅
힐끔
헉
헉
헉
유다 은 30닙을
줬는데..
웬일이야?
여긴!
자!
불쑥

난...
이런 것은
필요
없소!
도로 가져 가시오!
그것은 피의
댓가로 준 것이니
받을 수 없다.
내가 무죄한 피를
팔아 죄를 지었소.
당신이... 아니였다면
그건 당신이
판단하고 결정
한 일이야.
당장 여기서
나갓!
!!!

가룟 유다는 스스로
목숨을 끊었다.
유다가 던진 은 30닙은 피의
댓가라 하여
토기장이의 밭을 사서 나그네의
무덤으로 사용하였고 그 땅을
"에겐다마" 곧 피의 밭이라고 불렀다.

난 지금까지
굳게 닫혔던
문을 열었다.
그 문은
안으로 잠겨
있어서 밖에서는
열 수 없는

예수가 내 귀를
붙여 주는 순간
마음의 문이다.
나는 문을
열었다.
콕
니고데모
선생님이나 야니엘
어머니도 예수를
만나는 순간 마음의
문을 연거야.

턱
주인님
저는 이제 이 검을
지닐 수 없습니다.
그 검은 신성의 검이며
충성의 검이다.
검으로는 한계가
있다는 것을
알았습니다.
한계라...
진정한 힘은
보이지 않는 곳에서
온다는 걸요.
검으로 흥한 자는
검으로 망할 뿐..

저의 청을 받아 주십시오.
말고! 이제 너는 나의 종이 아니다.
예?!
네 귀는 종의 멍애를 벗어 버렸다.
네 귀는 새로운 귀다.
내가 뚫은 구멍의 흔적이 없는데..
가야바의 종이란 증거가 없지 않느냐?
!
너는 이제 자유의 몸이다.

주인님
진리만이 저를
자유케 할 수 있다고
생각합니다.
진리가 무엇인
줄 아느냐?
진리는 귀로 듣는
것이 아니라 마음으로
들어야 한다는 것은
알게 되었습니다.
넌 변했어
예전의 말고가
아니야
.....!
예수는 이제
어떻게 되죠?

그는 십자가에
처형 될거야.
십자가?
너의 귀를
붙여 준 능력은
놀라운 일이지만..
그가 메시아란
증거는 없다.
만약 그 분이 진짜
메시아라면....
그가 누구인 것이
중요한게 아니다.
이스라엘의
하나님을 우리가
지키는 것이다.
예수가 체포되면
바람이 멎을 줄
알았는데...

또 다른 바람이
불 것 같은 예감이
드는구나.
주인님! 예수는
우리가 기다리던
메시야
입니다.
말고는 말이여...

어디로 가는 걸까요?
사람이 변해 뿌렀어. 예수 땜시...
아마 예수의 제자들을 찾아 가지 않겄냐?
그 후 예수의 행적은
휘이이잉

온 세상 널리 널리 퍼져 나갔다.사마리아와 유대와 땅끝까지..

예수가 행한 모든 일들은 민들레 홀씨가 바람을 타고
날아 가듯 멀리 아주 멀리 흩어져

지금도 어디선가 예수의 싹이 돋아 나고 있다.
그리고 그 씨가 당신의 마음 밭에 떨어져

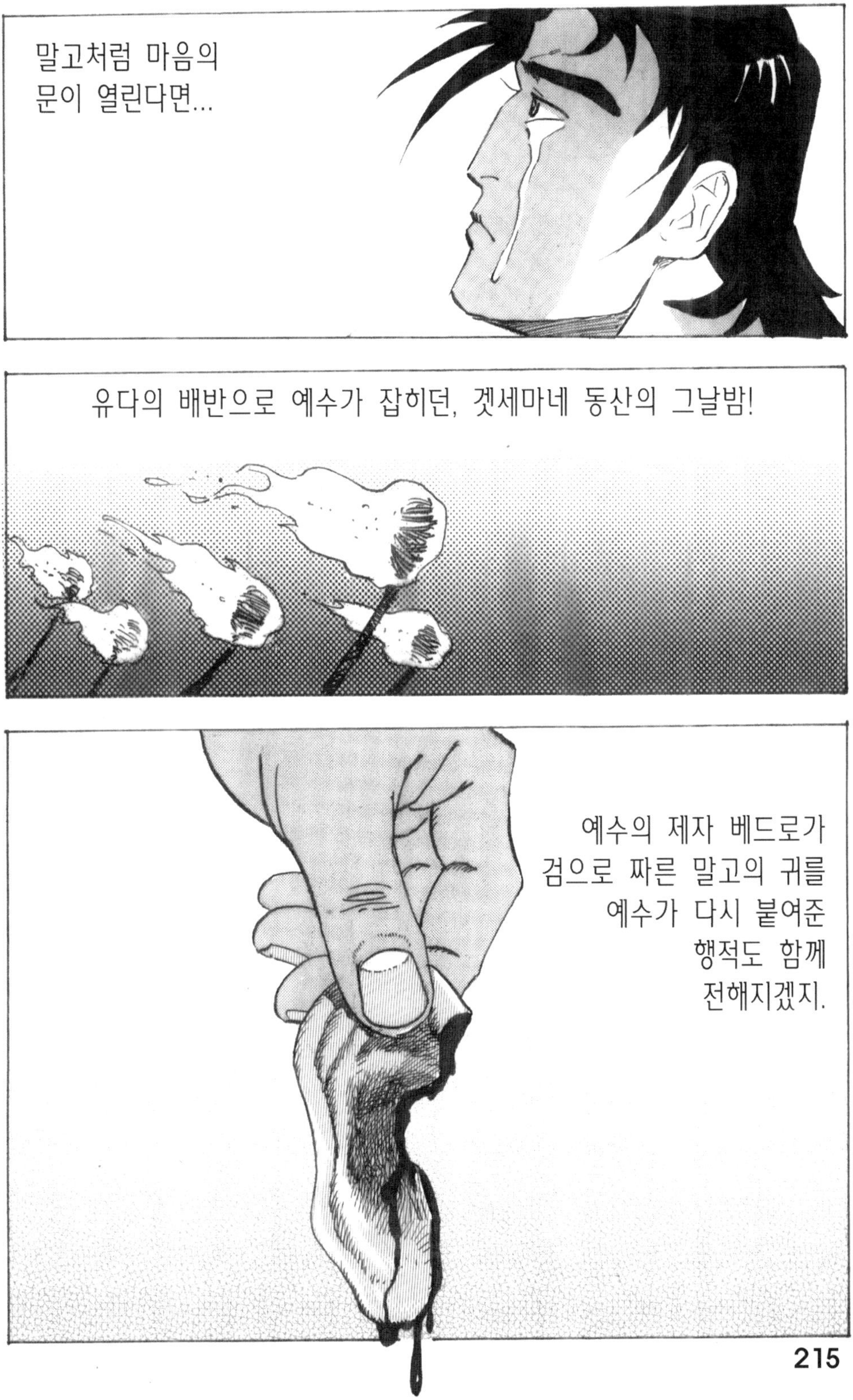

말고처럼 마음의
문이 열린다면...
유다의 배반으로 예수가 잡히던, 겟세마네 동산의 그날밤!
예수의 제자 베드로가
검으로 짜른 말고의 귀를
예수가 다시 붙여준
행적도 함께
전해지겠지.

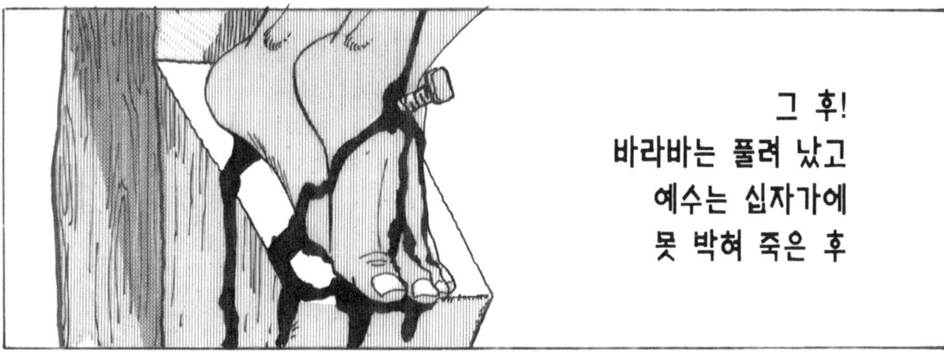

형제들아 내가 너희에게 전한 복음을 너희에게 알게 하노니 이는 너희가 받은 것이요 또 그 가운데 선 것이라. (고전15:1)

구원자: 우리의 영과 혼과 육(종말에 완전한 부활체:신령한 몸〈고전15〉)을 구원 하실 분

너희가 만일 내가 전한
그 말을 굳게 지키고
헛되이 믿지 아니하였으면
그로 말미암아
구원을 받으리라

고전15:2

오늘날도 유대인들은
그들의 메시야를 기다리고 있다.

-감사합니다.-

귀 짤린사내 말고

작화 / 문상우
발행인 / 성시선
발행일 / 2008.2.25
등록번호 / 충남 예산1호
발행처 / 보물지도
주소 / 충남 예산군 고덕면 호음리 6번지
우편번호 / 340-934
전화 / 041-338-0268
팩스 / 041-338-5480
www.bomuljido.co.kr

ISBN 978-89-950929-7-2 07230

값 4,500 원